Le courage de Colin

Conception et illustrations : Patrick Arguin
Collaboration et textes : Michèle Rappe
Support, coaching et collaboration : Hélène Beaudette

Pour avoir permis à OUTILS POUR LA VIE de voir le jour par sa présence bienveillante et son support inconditionnel, j'offre à Hélène Beaudette toute ma joie et ma gratitude. Mille fois merci !!

C'est la fin de l'été. Colin profite de la douce caresse de papa Soleil. Son ami Grujo l'écureuil est parti explorer les bords de la rivière.

Fripon, le raton, parcourt le jardin à la recherche de nourriture et il aperçoit quelques glands au pied de Colin.

— Quelle aubaine, se dit-il, et sans attendre, il dévore les glands.

Colin, qui s'était assoupi, se réveille brusquement et voit Fripon qui termine son repas en se pourléchant...
Le chêne connait la brusquerie de Fripon, mais n'est pas rancunier et il le salue.

— Salut Fripon, as-tu bien mangé?
— Non, répond Fripon, tes glands sont très petits et n'ont aucun goût! Puis, il se sauve en riant.

Colin sent un énorme chagrin monter en lui.
— Mes glands n'ont pas de goût, pense-t-il, et Fripon a raison...
ils ne sont pas très gros.

Toute la journée, Colin se fait du souci. Il se pose mille questions et il se demande pourquoi ses glands n'ont pas plu à Fripon...

Les paroles du raton ont pris beaucoup de place dans la tête de Colin qui se sent triste.

Il décide alors de descendre dans son cœur pour retrouver son arc-en-ciel de sagesse. Il sait que cela va l'aider à retrouver la paix.

Après avoir pris de longues respirations, Colin commence à se détendre et il n'est pas surpris de voir apparaître un lutin arborant l'une des couleurs de l'arc-enciel. Indigo prend la parole :

— Cher Colin, cela arrivera encore dans ta longue vie de chêne que certains te critiquent ou se moquent de toi.

Colin perçoit toute la douceur d'Indigo et demeure attentif.

– Cela arrivera peut être, poursuit le lutin, que l'on invente des choses sur toi et que l'on tente de te ridiculiser, mais n'oublie jamais que le plus important c'est ce que tu penses de toi. Colin comprend mais en même temps, il se dit que ce n'est pas facile...

— Pense à ton courage, dit Indigo, à ta force, au plaisir de Grujo dégustant tes glands; pense à toutes tes qualités et au bel arbre que tu es devenu et qui continue de grandir.

Colin sent une belle lumière indigo qui l'enveloppe d'amour et il ressent quelque chose de particulier dans son cœur.

— Ce que tu ressens, explique alors Indigo, cela s'appelle la confiance en soi. Elle se trouve au fond de ton cœur et tu peux toujours la retrouver et l'écouter. Tu as le choix de croire les autres ou pas et tu as le choix de te laisser atteindre ou pas.

Colin ouvre les yeux et il a retrouvé son bien être.
Il pense aux paroles du lutin et il comprend qu'il a
cru trop vite tout ce que Fripon disait.

Grujo revient de la rivière tout joyeux et il trouve
son ami en pleine forme! Quel bonheur de pouvoir
se retrouver, pensent-ils.

Au pied de Colin, des ratons complotent puis ils se dirigent vers les deux amis. Ils cherchent des glands dans l'herbe. Fripon se moque de Colin et encourage ses copains à en faire autant.

— Donne-nous des glands, dit-il avec arrogance.

Colin repense à Indigo...

–Tu n'es pas gentil avec moi, dit Colin, et je choisis de ne pas t'en donner. En plus, puisque tu trouves que mes glands ne sont pas bons... je les garde pour mes amis qui les apprécient.

Les ratons sont bien surpris!

La bande des ratons est repartie le ventre creux...
Grujo regarde son ami et trouve qu'il a fait preuve de
courage. Colin est fier de lui. Il sait que ses glands sont
bons même si certains ne les aiment pas ou les critiquent.

Grujo savoure un dernier gland puis se réfugie dans les branches de Colin. La nuit s'installe avec douceur, et Colin songe qu'elle a presque la même couleur que le lutin Indigo.

Rappelle-toi...

Pourquoi entend-on parfois des critiques?

Chaque personne a des goûts et des besoins différents. Certaines personnes n'aiment pas la différence. Elles en ont peur ou ne la comprennent pas et elles critiquent. Garde confiance en toi!

Que faire si ce que j'entends me fait de la peine?

Si tu as de la peine, prends le temps d'aller dans ton cœur et repense à tes qualités. Elles sont un trésor unique. Si c'est possible, tu peux dire à ceux qui t'ont critiqué que tu n'as pas aimé cela.

Que faire si cela continue?

Tu as le droit de mettre fin à la relation si elle ne te convient plus. Garde ton courage et ta gentillesse et explique ton choix. Tu peux aussi aller voir un adulte qui saura t'aider ou te conseiller.

La collection de livres

Outils pour la vie
Pour la confiance et l'estime de soi

Les ateliers

Outils pour la vie
Pour la confiance et l'estime de soi

Conçus spécialement pour les petits, les ateliers sont l'occasion d'explorer en groupe les différentes thématiques abordées dans les histoires de la collection Outils pour la vie. Accessibles et variés, ils permettent d'outiller l'enfant afin qu'il puisse mieux se connaître et renforcer sa confiance et son estime de soi.

La méditation...
Élément-clé des ateliers, la méditation est un merveilleux outil d'autorégulation physiologique, mentale, et émotionnelle que les enfants peuvent apprendre facilement.

Pour en savoir plus, consultez le site Internet :
www.outilspourlavie.com

www.ingramcontent.com/pod-product-compliance
Lightning Source LLC
Chambersburg PA
CBHW051324020426
42333CB00032B/3477